밀물결 오시듯

이 도서의 국립중앙도서관 출판시도서목록(CIP)은
e-CIP홈페이지(http://www.nl.go.kr/ecip)와
국가자료공동목록시스템(http://www.nl.go.kr/
kolisnet)에서 이용하실 수 있습니다.
(CIP제어번호:CIP2013027899)

실천시선
214

밀물결 오시듯

이봉환

실천문학사

차례

제1부

밀물결 오시듯   11
노간주나무 약전   12
바위 닮은 여자들   15
그 아픔 환하게 버즘나무처럼   16
사스레피나무 사내   18
우수영 장날   20
끔벅끔벅   22
그리운 금강   24
개옻나무 종만이   26
망둥이가 살아 있다   28
김 씨네 집안 한 볼때기 사건   30
씨팔   31
촌놈   32
김 기사 그놈   33
서울놈들   34

엄마는 고양이　　　　　　　　　　36

조또새　　　　　　　　　　　　　38

시야 너는 나랑 압해도 가자　　　　40

오월 어느 날이었다　　　　　　　42

목련 음성　　　　　　　　　　　44

제2부

피어버린 꽃에는 안 보이는 떨림이　47

꼴린다　　　　　　　　　　　　　48

21세기 학교 괴담　　　　　　　　50

점심시간을 희롱하다　　　　　　　52

까불까불　　　　　　　　　　　　54

조경남이들　　　　　　　　　　　55

개조개 유왕이　　　　　　　　　　56

환장하겠다　　　　　　　　　　　58

샤프 장사꾼	59
은닉	60
웃음꽃	61
토 생원	62
감염	64
박세화	65
내 마음의 목련 꽃	66
미친 교실	69
왕따	70
오늘 나는 안심이에요	72
향기로운 똥끝	74
새끼 소와 아이들	76

제3부

내가 보듬어본 향기들	81

서어나무 무사	82
여울 근처 여름 숲에서	84
은행나무, 겨울 허공에 눕다	85
달개비 순정	86
첫가을 바람	87
도토리들	88
돌돌 말린 나뭇잎들	89
오래 견딘 한줄금	90
구월의 회산연꽃방죽	92
산동은 우울하다	94
거개마을	96
산길	98
꽃나무를 이해하고 왔다	99
월하향(月下香), 이 여자	100
숨겨놓은 꽃등이 환해졌다	101
뼈저린 전설	102
화려찬란무당거미	104

간격이 있네　　　　　　　　　　106
널 주려고　　　　　　　　　　　108
쌍계사 진달래　　　　　　　　　109

해설 임동확　　　　　　　　　　113
시인의 말　　　　　　　　　　　127

제1부

밀물결 오시듯

바다 저쪽 아득한 곳에 어머니가 계셔서
자꾸 이불 홑청을 펼치시는 것이다
삼동에 식구들 덮을 이불 꿰매려고
여동생들을 불러 모으고 그래도 손이 모자라던 때의 저녁 바람이
내 쪽으로 밀려나오며 선득선득 발목에 닿는 것이다
물결 잔잔해지기를 기다려
바다는 저쪽 어귀부터 차근차근 제 몸을 꿰매기 시작하는데
바느질에 갇힌 어머니 한숨이 솜이불에 남아서
겨우내 우리 몸은 포근하였던 것
그 많은 날들을 잠들 수 있었던 것
숭어 몇 마리 뒤척이는 밤 개펄을 깔고 밀물결 덮고

노간주나무 약전

우리 할머니 오늘 또 무덤에서 이러시겠네

클 때는 통 몰랐는디, 군대 간다고 동무들이랑 벌곤가 어딘가로 신체검사받으러 가등마는 싹 핏기 가신 얼굴로 돌아왔어 돌아와서는 사나흘을 골방에 처박혀서 묵도 안 하고 나오들 안 해 이것이 먼 일이다냐 이것이, 탕탕 문을 두드려도 숨소리조차 안 내다가 사흘쨴가 문을 열고 나와 텅 나자빠짐서 그러는디,
어무이 나 고자요 어무이 나 고자랑께 어흐- 어흐-

그러고도 삼촌은 두 번을 더 신체검사받으러 갔네 차차 동네에 입소문이 나 한동안 외지만을 떠돌더니 딴 사람이 되어서 왔네 한참 서른을 넘기고부터는 상여소릴 했네 망자보다 북망산천 먼저 가고 상주보다 먼저 울었네 어허- 어허- 어화 넘자 할머니 무덤가의 노간주나무처럼 평생을 빈 불알로 살았네
스물 몇에 첫 장가들었으나 때깔 고운 각시는 넉 달 만

에 도망갔네 보름을 앓고 끙, 일어나 뒷산의 노간주나무 잘랐네 이를 앙다물며, 쇠코뚜레를 모닥불에 휘휘 모질게도 구웠네 아들 데리고 온 여자랑은 다섯 달, 침 흘리고 눈이 돌아간 여자랑은 일 년을 더 살았으나 뒤란에 쇠코뚜레는 하나 둘 늘어만 갔네 점점 말수 줄던 삼촌 깡마른 그 나무 안으로 들어갔네

  우리 할머니 무덤가의 노간주나무는
  아무도 베어가지 않는 노간주나무는
  참말 같잖은 빈 불알들 다닥다닥 매달았네
  모진 육십 생을 악으로 깡으로는 버텼으나
  빳빳하던 바늘잎 가시 힘을 잃었네

  끌끌, 니가 왜 동지섣달 시린 가슴팍에 노간주나무는 심느냐며
  우리 할머니 날 타박하시네 무덤 속에서
  성묘 온 내 옷자락 붙들고 오래오래

애달파하시네 서러워 또 한숨이시네

바위 닮은 여자들

물기만 살짝 젖어도 반짝이는 조약돌이었던,
그 좋은 한때가 벌써 오래 전에 졸졸 흘러가버린
여자들 대여섯이 계곡물에서 텀벙댄다
나는 아들만 일곱을 낳았어 이년아!
일곱이면 뭘 해 영감도 없는 것이?
까르르 웃음보 터지고 물방울들 바위를 구른다
아직도 그렇게 반짝이던 생이 남아 있을라나?
바위를 닮은 여자들 가랑이 사이에
검푸른 이끼가 끼어버린 여자들이, 풍덩
뛰어들면 금세 거무튀튀해지는 바위들이 계곡에서
삼겹살에 상추쌈에 대두병 소주를 맛나게 마시고 있다
연분홍 치마가 봄바람에 날리거나 말거나
아카시아 숲 속으로 꽃마차가 달리거나 말거나
보고 보아도 질리지 않는 바위들이 낮술에 취해
물속에 가랑이를 터억 벌리고 누워 있다
영감 그거 있어봤자 성가시기나 하지 뭘 해?
그래도 등 긁어주는 건 그놈뿐이여 이년아!

그 아픔 환하게 버즘나무처럼

거, 뭣이냐 내 거시기에 시커먼 머시기가 막 돋아나던
그때 오월 모내기 판에서 모 시중하던 날이 참 많았는데
하늘을 떠받치고 있던 우리 동네 어매들의 둥근 엉덩이 뒤에서
웬 갖은소리 다 들으며 하루해를 견디고는 하였는데
달리 아픔 잊을 거리 없던 어매들은 해종일을
시어머니 흉에다 이 노래 저 노래 서글픈 가사를 전전하시다가
저무는 때가 되면 드디어는 음담패설의 경지로 접어들고야 말았는데
그 어매들 가끔 목소리 낮추고 슬쩍 뒤를 돌아다보며
아따 쩌그 저 머시기가 다 듣것소이, 하면
쪼끄만 것이 뭘 알기나 한당가, 그러기도 하면서
달천떡, 자네 남정네랑 거시기할 때 맷돌을 지고 올라오라고 허란 말이여 글먼 백발백중 아들이랑마
하따, 그라믄 숨몰떡네 바깥양반은 너럭바우라도 지고 올랐는갑소잉 머시매만 일곱을 퍼질렀응께

에라 이 썩을 년들아 서방 없는 년 어디 서러워 살것냐 참말 염벵첨벵들 한다이
　그러며 깔깔거리기라도 하시는 날에는,
　다 구부러져버린 당신의 허리들이 그 아픔 환하게 벗겨내며
　버즘나무 둥치처럼 구부정하게 일어서고는 하는 것이었다.

.

사스레피나무 사내

몸이 아파 드러누웠다가도 뉘 집 잔치 나면 거짓말처럼
벌떡 일어나 장구 메고 달려가던 고모, 해풍에 곱은 손끝
호호 불며 남해 섬 집에 들어서자 고모부가 다듬던 칼끝
숭어 비늘처럼 반짝거리던, 뒷산 숲 안쪽 그늘진 나뭇잎들

농한기 철 서울로 부산으로 공사판 떠돌며 석 달 열흘
노가다 뛰다가, 거친 코밑수염 거뭇거뭇 돋아난 사내로
돌아와 덥석 안아줄 때 풍기던 아버지의 겨드랑이 냄새,
객지에서 돌아온 사내들 두런두런 퀴퀴한 사랑방 냄새

잊어버린 기억이 남았는가 콧구멍 벌름거리며 봄 산 배
암길 더듬더듬 헤쳐 들어가는데, 한참 만에야 이른 곳은
야릇한 그늘을 가진 어느 몸 밑, 땡그랑 땡그랑 은종을 울
리며 큼큼한 꽃냄새 마구 퍼뜨리던 나무 아래였지

그 익숙한 냄새 따라 나도 스물 몇의 청춘을 건너왔던
가 사스레피나무처럼, 그때 응달 어딘가에 어수룩하게 서

있었던가

우수영 장날

　서울에서 태어나고 자라 전라 우수영 총각과 결혼한 새댁이 오일장에 갯것을 사러 나왔겠다. 그녀는 사뭇 다른 이곳 말 때문에 애를 먹은 적이 있어 사투리를 열심히 배우고도 있는 중이었다. '바지락'은 '반지락'이라 하고, '팔다'는 '폴다'라 하고, '게'는 '기'라 하고…, 오늘은 바지락을 좀 사야지, 함지박을 벌여놓은 할머니 앞으로 다가간다. 몇 번 사투리 땜에 의사소통이 안 되던 할머니다. 은근히 그 할머니 사투리 모르는 새댁을 놀린 일도 더러 있었다. 이번에는 놀림을 당하지 않으리라, 그녀의 먹은 마음이 다부졌다. "할머니, 이거 반지락 맞죠?" 근데 "잉, 기여." 한다. 기라니? '기'는 '게'를 이르는 말이 아닌가. 이 할머니가 또 날 놀리시나? 새댁은 다짐하듯 목소리를 조금 높인다. "이거 반지락이잖아요." 할머니는 쓱 한번 쳐다보더니 또 그런다. "기당께." 하, 참, 기가 막혀서…, 할머니가 이번에도 놀리는 게 틀림없다고 판단한 새댁, 따지듯 당겨 앉는다. "할머니, 자꾸 반지락을 기라고 하실 거예요?" 할머니도 그만 신경질이 났는지 악을 쓰고 만다. "아, 기단 말이여. 이 서울 촌년아!" 그때 뒷짐 지고 지나던 할아버지도 그런다. "깅마." 그걸 듣고 옆 함지박의 숭어가 한나절을 푸드덕거린다.

끔벅끔벅

리학철의 황소 속눈썹이
내 아버지를 닮았다 끔벅끔벅
등뜰 논 서 마지기 다 갈아엎고
써레질 끝낸 뒤 논둑
풀 뜯어 되새김질하던 소 곁에 끔벅끔벅
쭈그려 앉아 담배 맛나게 피시던 아버지
우멍한 그 눈을 꼭 닮았다 끔벅끔벅
리학철은 북의 환경 감시원으로
나는 남의 통일 연수 교사로
삼일포 언덕에서 뜬금없이 만나
리학철도 이봉환도 벅차올라 끔벅끔벅
본관이 어디냐고 궁금해 물어보니
우린 기런 거 애초에 없었시요, 끔벅끔벅
아, 참 그렇지요, 나도 그만 끔벅끔벅
해금강 돌아 삼일포 언덕배기 내려오다
가끔 서로를 쳐다보며 씨익 웃고 금방
다시 만날 것 같은 이별을 하며 끔벅끔벅

황소 속눈썹 서로를 향해 끔벅끔벅

그리운 금강

　잠결에 더듬으면 문득 만져지는 작은 꽃망울의 촉감이 저 앞 금강에도 닿았네 산행에 지치고 금강에 궁금한 몸들 절절 녹아내릴 무렵, 하늘에 눈송이나 몇 날렸으면 하는 마음뿐인데
　앗따 쩌그 좀 보씨요 겁나게 뽈록한 쩌그, 꼭 젊은 여자 젖꼭지 같네잉
　금강산 온천 노천탕 통일 연수 온 발가벗은 몸들 눈들 온통 그 손가락 쪽으로 쏠리는데
　하이고마 그거이 처녀야 젖꼭지가 아이라 세존봉이라 카이 부처님 대그빡, 크하하하―
　벌게진 눈들 함박웃음 한참 터트리다가 이내 조용해진다 오뚝한 유두와 젖꽃판 희미해지며 불상이 되고 있던 것, 그 선명하던 젖 봉오릴 세존의 입술 말씀으로 바꿔버리는 이 얼얼한 저녁, 고성항 횟집 봉사원 한은정을 떠올리네 내 시에 그대 이름 써도 되겠냐니
　저보다는 저 아름다운 금강산을 넣으시라이요
　붉어져 씽긋 웃던, 갓 스물둘에 원산이 고향이라던, 어

떤 접대의 대가도 상큼하게 거절하던 금강의 처녀

개옻나무 종만이

가을바람 불면 누구보다 먼저 수줍던
개옻나무를
아무도 눈여겨봐주지 않았지
냄새 난다고 쿵쿵거리고 옻오를까 봐
흠칫 경계하며 친구들 저만치 피해만 다녔지
홀어미의 가난 밑에서 겨우 구구셈이나 마치고
돈벌이 떠난 국졸이 최종 학력인 동창생 종만이
늘 간이나 보고 마음은 통 안 주는 도회 사람들 틈에서
소똥 개똥 안 가리고 닥치는 대로 굽실굽실 막일해댔지
쓰레기 매립장 척박한 땅에 악착같이 뿌리내렸지
삼십 년 바지런히 트럭 몰아 산지사방을 휩쓸고
그 사이 다복다복 이룬 잡목 숲에는 고라니 새끼들이 뛰고
아내는 단 한 푼도 금쪽 마냥 쟁여 모았지
오십 다 된 나이에 추석 쇠러 불쑥
고향에 나타난 개옻나무 종만이
동네 어르신들 잡수시라고

즐겁게들 먹고 노시라고
맥주와 소주 한 상자에다가 돼지 한 마리 내놓는다
연신 술을 따르며 귓불 벌게진
개옻나무가
태어나서 처음으로 동네 어른들을 대접한다
모처럼 저도 고향에서 사람대접 한번 받는다
그려, 그려, 종만이가 죽지 않고 살아 있었구먼
아들 딸 낳고 집 장만하고 훌륭히도 장성했구먼

망둥이가 살아 있다

압해도 송공항 선착장에서 육지 사내 셋이
반짝이는 바다가 제 것인 양 낚싯줄을 휙휙 끌어당긴다
그때마다 쏙쏙 바다는 몸을 빼내버리는데
사내들 줄곧 팽팽한 욕심을 버리지 못하고 있다
이때!
배고픈 한 마리 덥석 미끼를 물어 냅다 잡아챈다
에라, 이, 망둥이 새끼잖아
이빨로 줄을 툭 끊은 육지 사내
목구멍에 걸린 낚싯바늘도 안 빼주고
무거운 봉돌까지 매단 놈을 바다에 던져버린다
산 채 바다 깊이 수장돼버린 망둥이 새끼
뻘바닥에 처박혀
어린 눈을 끔벅일까 발버둥 칠까

하루 이틀 하고도 십 년이 흘렀는데,
그 새끼들 어찌됐을까
제 힘으로는 벗어날 도리가 없는 줄을 붙들고

펄펄 살아 날뛰던 계만이형의 어린 새끼들
동네 빈집 골방에 박혀 며칠을 끙끙대다가
비소 덩어리 삼켜버린 아래뜸 계만이형
아내는 어디 두고 새끼들만 줄에 매단 채
객지서 돌아는 왔으나
젊어 떠난 고향은 더욱 아니었으리
계만아 삼키면 안 돼 내뱉으란 말이야 이 새끼야
이웃들 달려들어 못 삼키게 목을 줄로 칭칭 동여맸지
앙다문 입을 끝내 안 벌리고 말던 계만이형
애비 목 묶은 빨랫줄에 주렁주렁 매달려
동지섣달 찬바람에 서럽던 그 새끼들이
압해바다 속에서 지금 잉잉 우는 것만 같다

김 씨네 집안 한 볼때기 사건

설 전날, 사 대가 함께 모여 사는 김 씨네 집에서는 음식 장만하느라 하루해가 푸짐하다. 칠십 다 된 맏며느리는 전을 지지고, 손주며느리는 마당 한켠 절구통에서 사내와 떡을 친다. 사내가 철부덕, 하고 메질을 하면 손주며느리는 손에 찬물을 홀 적시고는 그 뜨건 떡살을 뽀그작, 주물러 뒤집는다.

김 씨네 집안 망백의 할아버지가 뒷짐 지고 이 흐뭇한 광경을 돌아보신다. 철부덕 뽀그작, 철부덕 뽀그작, 그 소리 듣기 좋아 한참 절구통을 들여다보신다. 저런, 할아버지가 떡살이 자시고 싶다고 짐작한 손주며느리는 주무르던 떡살을 한 줌 가득 떼어 주먹과 함께 불쑥 내민다.

"엣씨요, 할아부지 한 볼때기 하실라오?"

"아니다. 한 볼때기씩은 니들이나 해라잉."

때마침 서녘 하늘엔 노루 꼬리만 한 겨울 해가 뽈그름히 젖는다.

씨팔

 우리 동네에 전깃불이 처음 들어온 며칠 후였지 병식이형네 골방에서 몰래 담배 배우며, 환한 또래 가시내들이랑 두꺼운 솜이불에 넣은 발가락 슬쩍 닿자 때마침 일던 바깥 작은 바람 소란에도 숨죽여가며 큭큭대던, 그 아련한 밤이었지 씨팔, 담뱃불이 뭐 이리 안 붙는다냐? 좆같네 씨팔! 오 촉 전구 알에 담뱃불 붙인다며 더운 콧김을 토해내던, 술만 먹으면 개가 되던 병식이형

 작년 재작년 한 오 년도 더 됐지 아마, 마흔 넘어서도 장가 못 간 병식이형이 술에 또 개가 되어 경운기 몰고 밤새 온 동네를 들썩였었지 씨팔, 나 장개 보내주란 말이여 씨팔, 내가 논밭이 없어 좆이 없어 니기미 씨팔! 그러며 읍내로, 읍내 정다방으로 경운기 몰고 내달리다 결국에는 마주 오던 트럭과 정면충돌해 아스팔트에 한 마리 죽은 동네개가 되어 피칠갑 누워버린,

촌놈

 한번은 이런 일이 있었다. 몇 해 전 해남 현산면 근방 어디 해안으로 조선족들 수십 명이 밀항을 해와 광주, 목포, 강진 쪽으로 빠져나가는 곳곳에 검문검색이 심했다. 그때 무슨 일로 누군가의 승용차를 타고 막 불티재를 넘어가던 참이었다. 앞에총을 한 군인들이 짙푸른 히말라야시다처럼 거만하게 차를 세웠고, 그중 하나가 차 안을 쓱 둘러보더니 대번에 시선을 나에게 쏘았다. 신분증 좀 보여주쇼! 난 얼굴이 벌게지고야 말았는데 옆자리에 탄, 박이라는 후배는 벌써 웃음을 참느라 어깨를 들썩이고 있었다.

김 기사 그놈

여보씨요잉 나 세동 부녀 회장인디라잉 이번 구월 열이튿날 우리 부락 부녀 회원들이 관광을 갈라고 그란디요잉 야? 야, 야, 아 그라제라잉 긍께, 긍께, 그랑께 젤 존 놈으로 날짜에 맞춰서 좀 보내주씨요잉 야? 이놈이나 저놈이나 다 좋다고라? 앗따, 그래도 우리가 볼 때는 이놈하고 저놈이 솔찬히 다르등마 그라네 야, 야, 그랑께 하는 말이지라 아니, 아니, 그놈 말고, 아따, 그때 그 머시냐 작년에 갔든… 글제라 잉 맞어 그놈, 김 기사 그놈으로 해서 쫌 보내주랑께 잉, 잉, 그놈이 영 싹싹하고 인사성도 밝고 노래도 잘 하고 어른들 비우도 잘 맞추고 글등마 낯바닥도 훤하고 말이요 아, 늙은 할망구들도 젊고 이쁘고 거시기한 놈이 좋제라잉 차차차, 관광차 타고 놀러갈 것인디 안 그요? 야, 야, 그렇게 알고 이만 전화 끊으요, 잉?

서울놈들

서 마지기 농사 끝난 농한기 철이면 아버지는 해마다 서울 큰집 형님의 사업 자금을 대느라 이 집 저 집 쌀을 끌어모으곤 하였다. 그때 쌀 한 가마가 얼마였는지는 모르겠으나 일 년에 몇 백 가마니씩 장리쌀을 모으는 게 그리 쉬운 일은 아니었을 터, 수백의 쌀가마니들과 함께 트럭에 실려 서울로 떠나기 전날 밤늦도록 아버지는 우릴 윗목에 앉히셨다. "집안에 큰 그늘이 하나 있으면 다들 그 덕을 보는 것이여."

그늘은 갈수록 평수 넓은 거목이 되어는 갔으나 세상은 요지경, 느닷없이 폭삭 쭈그렁박이 되기도 했다. 덕분에 아버지는 드러난 땡볕에 나앉아 형님 대신 쌀 이자며 원금 독촉을 원 없이 받아야 했다. 아버지 혼자 고향 흙집 골방에서 컥컥 울기도 하셨다는 것을 나는 안다. 아버지 속이 타고 얼굴 해쓱해지도록 서울 놈은 고향에 그늘 한 폭 드리워주지 않았다. 그 후로도 오랫동안 아버진 그 '큰 그늘 덕'을 톡톡히 보셨다.

철들면서부터 나는 서울 놈이 미워졌다. 사람 사는 동

안의 미움은 절반이 제 탓이라지만, 세상사 용하게만 살
다 가신 아버지의 그 무던함에 더욱 슬퍼진 나는
지금도 서울놈들 싫어질 때가 있다.

엄마는 고양이

솔직히 일 잘하는 농사꾼은 아니지요 엄마는
자그마한 행랑채가 딸린 외가에서 곱게만 자랐는데
해방 무렵 교사였던 큰외삼촌이 '여순 반란군에게 인공기를 그려줬다'는 죄목으로 총살당해 학교 운동장 측백나무 밑 거적에 덮인 뒤부터 일곱 살 엄마는
늘 등에 업혀 학교 가던 오빠의 따뜻한 앞이 그리웠던 엄마는 시집올 때 몰래 산비탈 외삼촌 돌무덤에 가서 종일을 울었다는 엄마는
"니 큰외삼촌이 그리 되지만 안 했어도 어디 이런 노무 집에 시집이나 왔다냐?"
가세가 많이 기울었어도 흙 손에 안 묻혔다는 엄마는 두어 마지기 논바닥 들쳐 매고 저금 난 서방한테 맡겨진 열아홉 아린 처녀
시집 와서도 일을 할 줄 몰라 멍하니 부엌 구석에 있다가 시어미 구박이나 맞고
서방이 시킨 대로 그의 그림자나 되어 밭에 가자하면 소 따라 밭에 가고 모낼 때 강아지 따라 새참 내고 모심던

엄마는

  항상 앞이 되어주던 서방이 훌쩍 앞서 황천으로 떠나버리자

  홀연, 또 앞을 잃고 엄마는 뭘 보고 뭘 듣고 뭘 먹고 뭘 해야 할지를 몰라 석 달 열흘

  "첨으로 나 혼자 씨나락을 담그는디, 캄캄하고 막막해서 앞이 보이들 안트라 앞이."

  시시때때 물꼬 트고 피 뽑고 어찌어찌 버텨왔으나 몸속 기계는 골골골

  전기장판에 눕혀놓은 고장 난 삭신에선 고양이 울음이 옹알옹알

  많이 아프요? 아니야옹, 뭐든 꼭꼭 씹어 잘 드셔야 해요 이이냐옹

  울컥해져 방을 나서면

  제 앞이라는 걸 한 번도 가져본 적이 없는 고양이 한 마리 졸졸 내 뒤만 따라다녀요 엄마, 엄마, 응냐옹, 응냐아옹

조또새

목포 2호 광장에서 3호 광장으로 떼 지어가는 이팝나무 가로수들 올 봄 그 꽃 허천났다. 배가 고파 눈이 뒤집혀본 적이 없는 자동차들은 나무가 고봉밥을 가득가득 퍼 담았어도 한술 뜨려하지 않는다. 헤드라이트 두 눈 부릅뜨고 앞만 보고 달린다. 대형 마트엔 먹을 것 넘쳐나고, 신용카드로 긁기만 하면 쓱쓱 만사가 형통되는 세상. 사바사바 금 나와라 뚝딱, 누구든 부자 되게 해준다는 대단한 위인이 나타났다. 젠장, 술 한 잔 하느라 새벽까지 깨었는데 소쩍새가 운다. 훗쩍, 훗쩍,

웬걸, 별 이상한 쥐새끼 때문에 오늘 또 술자리가 발칵 뒤집혔다. 놈은 쥐의 일반적 생리를 다 갖춘 것은 물론 모든 쥐를 능가하는, 무모한 배짱까지 장착한 일종의 신종 쥐대포가 아니겠냐는 정밀 진단도 나왔다. 더구나 세상에는 먹을 것 너무 많아 한갓 쥐눈이콩을 거두어들일 야생의 냇둑도 필요도 없거니와, 곡물을 쏠 수고조차도 안 하려는 배부른 쥐의 패거리들이 창고를 박차고 강으로, 강으로 시멘트 포대를 갉으러 몰려든다는 소문. 이 신종 쥐

를 사람들은 '이엠병' 또는 '2MB'로 어르다가 요즘엔 '쥐박이', '쥐눈이'라고도 힐난한다.

  새의 울음이 하도나 낭랑해서, 세상이 같잖지도 않아서 잠이 안 온다. 얼씨구나 헌데 소쩍새가 또 운다. 조또- 조또- 하고 저 혼자 세상을 비웃던 새는, 쥐새끼가 밤말 엿듣는다 여겼는지 훌, 저쪽으로 날아가서는 소리를 조금 낮춰 한참을, 또 제 맛에 빠져 논다. 헛배만 가득 부른 풍선 인간들 펑펑 터져 나자빠지는 세상, 조또새가 자지 않고 그 세상을 갖고 논다.

시야 너는 나랑 압해도 가자

좌회전이 먼저 떨어지고 한참
오거리 직진 신호를 기다린다
푸른 보행자 신호를 따라 할머니가 먼저 길을 건너고
그 사이 시가 나타난다
놈은 잠시 머뭇거린다
할머니를 따라갈까
직진 신호를 기다려 나와 같이 갈까
망설이던 방랑기 많은 놈은
쫄랑쫄랑 할머니를 따라나선다
할머니 보따리 속엔 압해 월동 배추가 두어 포기
비린내 안 나게 꽁꽁 묶은 비닐 속
갓 잡은 세발낙지가 열 댓 마리, 내 시는
무거운 짐 하나 들어주지 못하는데
보따리 들쳐 인 할머니는 목포 역사로 사라지고
놈은 그 자리서 주춤거린다
돌아보니 내가 손짓하고 있다
직진 신호가 떨어진다 놈은

급히 나를 향해 달려온다 시야 가자
너는 나랑 목포 앞에 뜬 압해도 가자
눈 시리게 퍼런 목포 앞바다 건너며
귀싸대기 얼얼하게 바닷바람 맞아보자
송공항에서 암태도 팔금도 가는 배를 기다리는 동안
쫄깃한 숭어회라도 한 접시 떠서
겨울 바다랑 소주나 한 잔 하자 맹렬히 달려드는
해변의 파도와 웃통 벗고 한판 붙어보자
일곱 자식들 품에 안아 거뜬히 키워내고
수십의 손자들 퍼지른 저 질펀한 갯벌
그 둘레둘레 옥빛 치마 곱게 해 입은
송공 할매 만나러 시야 너는 나랑 압해도 가자

오월 어느 날이었다*

　오사마 빈 라덴이 사살되었다고, 미합중국식 정의의 승리라고 버락 오바마가 연설하고 자빠졌다. 사우디아라비아 부호의 아들로 태어나 와하비즘에 심취한 빈 라덴은, 이슬람 성전을 수행하던 중 파키스탄의 도시 아보타바드 한 저택 열두 살 된 딸 앞에서 살해되었다. 아프카니스탄 험준한 산악 지대에서 이슬람 해방을 위해 싸우는 알카에다 전사들이나 지하디스트들에게 그는 죽은 순간 신이 되었는지도 모른다. 고독하고 처절한 독수리 부리의 심정으로 산정에서 별을 우러르는 그들 형형한 눈빛에서는 이미 '순교자'로 부활하여 날아올랐는지도. 사람은 죽였지만 상징은 쉽게 죽이지 못한다. 깜깜한 밤일수록 신들의 세계는 넓어지고 더욱 깊어지지 아니한가. 지구의 어딘가에서 인간이 인간을 죽이며 환호하고(로이터통신은 '고유가 등 악재에 허우적이던 오바마의 지지율이 단박에 뛰어오르게 됐다'고 보도했다), 사람이 사람에게 죽임을 당하여 신으로 탄생하나니.

작년 산림과 직원들이 아파트 앞산에 들이닥쳐 소나무만 남기고 다 쳐내기에 여러 번 싸운 적 있다. 나무들 좀 가만 놔둬라, 깃든 새 웅크린 짐승들 다 도망간다, 어르고 달래며 삿대질까지 해대었으나 산은 깨끗하게 솎아졌다. 속이 상해 통 가지 않다가 올 봄 앞산 녀석 궁금해 올랐더니 산철쭉, 사스레피나무, 산쥐똥나무며 청미래덩굴 들이 소나무 겨드랑이쯤에서 한창 데모 중이 아닌가. 작고 여린 주먹을 펼쳐든 풋것들이 푸르디푸르게 흔들리고 있었다. 이 사태가 웬일인가 두리번거리니, 전기톱에 잘려나간 하나의 가지에서 서너 개씩의 잔가지들 보란 듯 솟아나서는 찬란한 분홍 낯빛 사이로 귀여운 연초록 주먹들을 마구마구 펼쳐드는 것 아닌가. 제발 우리 모가지 좀 함부로 쳐내지 말라고 꼿꼿이 대가리 쳐들고 산꼭대기를 향해 떼거리로 우우 몰려가고 있는 것 아닌가.

* 김남주 시인의 시에서 차용함.

목련 음성

　고슬고슬한 봄볕을 요리조리 살뜰하게 끄슬려주자 곧 벙긋대는 목련 꽃봉오리들, 그걸 맛나게 눈요기하다 한 입 생각에 막 햇살 고물 흩뿌리니

　오늘 같은 한식 날 묵은쌀을 무쇠솥에 찌고 돌절구에 쿵쿵 쳐서 만든 흰 반달 송편을 엄마가 쑥 내밀어 먹어보라고 하는 것 같다

　니가 몬자 묵어봐라 간이 잘 들었능가 몰것따 맛나냐 맛나냐 하시는, 솔 향내 나는 목련 음성이 멀리 계신 엄마를 금방 모셔온 것만 같다

제2부

피어버린 꽃에는 안 보이는 떨림이

청소 시간 비질에 열심이던 다영이가 또록이 묻는다.

선생님, 누군가를 좋아하면 진짜 가슴이 두근거려요?
왜? 너도 요새 누군가를 보면 가슴이 두근거리냐?
아니요, 책에서는 그러던데 진짜도 그러나 궁금해서요.

피어버린 꽃에는 안 보이는 떨림이 그 애 얼굴에 어린다.

꼴린다

그때 나는 '사실'과 '의견'의 차이를 설명하기 위해 엄지손가락을 치켜들고 있었다. 자, 손가락이 몇 개냐? 하나요! 모두가 대답했다. 응, 그건 사실이지? 그럼 넌 이 엄지손가락이 무엇으로 보이냐? 예, 최고라는 뜻 아닌가요? 그래? 넌? 그때 그 장난꾼 아인 약간 머뭇거리더니 곧장 말해버렸다. 선생님, 자지가 꼴려 있는 것 같습니다요! 순간 나는 당황했으나 침착을 가장하고 얼른 몸을 돌린 후 칠판 한가운데다 '꼴린다'를 아주 크게, 천천히 썼다. 아이들은 킥킥거리고, 글씨를 쓰는 몇 초간 전광석화같이 머리를 굴렸다. 꼴린다, 꼴린다는 것은 무엇인가. 그래 꼴린다는 것은 팽팽하게 긴장한다는 것이란다. 바라보는 사물에 대하여 기타 줄처럼 끊어질 듯 긴장한다는 뜻이야. 나무를 볼 때, 돌멩이를 볼 때, 그리고 자꾸 짧아지는 가을 햇살을 볼 때, 꼴린단다. 와하하하하- 선생님도 꼴린대. 여자를 봐도 꼴려요? 당연하지. 여자를 보면, 저 여자 참 사랑스러웠겠구나, 저 여자 할머니가 되려고 얼마나 많은 이쁨이 몸속에서 빠져나갔을까, 생각하면 난 꼴린단다. 그 순간 나도 아이들도 교실도 하늘의 뭉게구름도 모두 꼴려서 팽팽해지고 있었다.

21세기 학교 괴담

학년 말이 되면 교사들은 애를 써서 학생들을 벌려놓는다
잘 떠드는 놈 존재감 없는 놈 공부 잘하거나 좀 못하는 놈 들을
적당하게 붙여놓고 흩뜨려놓는데도
다음 해엔 도로 아미타불,
어떤 반은 철철 활기가 넘치는가 하면 조바심치는 반이 또 생긴다 인력으로는 어찌하지 못하는 것이 아이들에게는 분명 있다
한번은 구월엔가, 그해의 유별난 반에서는 이런 일도 있었다
중2라면 열다섯, 메뚜기나 럭비공처럼 어디로 튈지 모르는 때
(북의 김정은이 함부로 못 쳐내려오는 데는 다 이유가 있는데 그게 중2 때문이라는 터무니없는 괴담이 그즈음 전국의 중학교에 파다했다)
이 반 애들은 세상의 모든 걸 성화(性化)시키려 든다 예를 들면

"너희는 가을이 오는 것을 무엇으로 느끼냐"고 슬쩍 묻는다면

틀림없이 "꼬추가 빨갛게 익으니까 부끄럼쟁이 윤슬이도 얼굴이 빨개져요" 뭐, 이럴 거라 예단하는데 대뜸

"네이버 바탕화면에 뚝뚝 단풍이 질 때 가을을 느껴요" 하고 툭 던지는 거다

한 학기가 겨우 지났을 뿐인데,

이놈들 이렇게 가을을 깜짝 놀라게 한다

저 변화무쌍한 녀석들을 질서 있게 조정하고 평균화시킨들 무슨

소용이랴 저 활기와 저 진정(眞情)과 저 신신(新新)한 동백나무의 검푸른 이마들을

우리가 감히 어쩌랴!

점심시간을 희롱하다

점심시간 몰래 사리살짝꿍
월담하는 퇴깽이들을 호랭이 슨상님이 보게 된다
이놈들 거기 서! 크르렁 소리에 놀란 퇴깽이들이 토낀다
평소 몸 관리 잘 해오신 호랭이 슨상님이 뒤를 쫓는데 아차
신고 있는 슬리퍼가 몇 걸음 못 가 삐끗 탈선한다
나머지 신발마저 벗어 내던지고 추격전을 벌이는데
세렝게티 초원에서처럼 서로가 필사의 안간힘이다
구경하던 다른 퇴깽이들 뒤에서 응원전을 벌인다
이겨라 이겨라 퇴깽이 이겨라 호랭이는 져라
염원과 현실은 안타깝게도 늘 엇갈리는 법
점점 따라잡는 호랭이 슨상님 전력 질주에
퇴깽이들은 그만 포기하고
혓바닥 목덜미 다 내놓고 만다
놈들을 붙잡아 물고 끌고 되돌아와 보니 어쭈구리?
슬리퍼가 없다 함성 지르던 놈들도 사라지고 없다
무릎 꿇어 이 새끼들! 복도에 벌을 세우고서야

참았던 호랭이 슨상님 이마가 비지땀을 줄줄 흘린다
깊은 숨 한번 내쉬고 으르렁, 분을 삭이는데 복도 저 끝
엿보던 녀석들 몇이 힐끔, 슬리퍼랑 얼른 벽 뒤로 숨는다
잡아먹지도 못하는 저 날쌘 톰슨가젤 새끼들을 그냥
확!
때마침 학교 종이 딩동댕~ 점심시간 끝났다고 희롱해
댄다

까불까불

만식이 놈 의자에 좀 붙어있질 못하고
또 까분다 엉덩이건 손발이건 잠시도 가만있질
못한다 그런 만식이 저리 까불어서
숙제 해와도 매 맞는다 안 해오면 두 배
맞는다 요새는 수업 전 미리 맞고 시작한다
그래도 까부는 만식이 언제나 웃음이 까만,
눈 속에 숨겨놓은 게 짐작이 안 가는
만식이 오늘도 통통 튀며 까불까불
한나절 다 털어놓은 콩알들을
어머니는 키질하여 까부르셨다
북데기에 숨은 콩알들 까닥까닥 까부르면
껍질들 바람을 타고 알맹이만 남았다
때굴때굴 가을 땡볕에 까부를수록
키 속에는 노란 콩알들 수두룩하였는데,
까불까불 맨날 신이 난 만식이 놈은
저리 까불어 얼마나 야문 것들을 거둘까

조경남이들

　선생님, 우리 집 복실이가 개한테 물려서 병원에 가야 해요. 토요일 2교시가 끝나자 한 아이가 시무룩 교무실로 찾아왔다. 많이 물렸어요, 빨리 가야 해요. 개한테 물렸어? 엄마가 가시면 안 되냐? 아니요, 복실이는 저랑 가야 해요, 저랑 오래 살아서요. 그 애의 표정이 서글펐다. 순간, 개한테 물려 피를 흘리며 가련하게 떨고 있는 복실이가 떠올랐다. 그래, 얼른 가봐라. 우리 반 조경남이를 '질병 조퇴'시키면서, 생전 알지도 못한 어떤 복실이를 떠올린 것처럼 우리 진실로 가져본 적 드문, 조경남이들의 가슴에나 있을 그 무언가를 생각한다. 그리고 그 무언가가 어떤 뭉클함으로 엄습해 옴을 어찌할 수가 없다. -나중에 안 사실이지만 그 복실이는, 새끼 낳은 옆집 말라뮤트를 잘못 건들었다가 사정없이 물어뜯긴 저희 집 똥개라는 것이었다.

개조개 유왕이

유왕이가 만화를 그려 와서는 발표하겠단다. 그 아이 평소 쉬는 시간에는 레슬링이나 말뚝박기로 땀을 뻘뻘 흘리다가도 수업할 땐 개조개처럼 입을 딱 다문다.

그럼, 제가 그린 만화를 소개하겠슴미다 여그는 '나'와 '아빠'와 '할아버지'가 목욕탕에 가는 장면임미다 목욕탕에서 살짝 거울로 봉께 할아버지 꺼랑 아빠 꺼랑 내 꺼랑 거시기가 달랐슴미다 그래서 집에 와서 할머니한테 물어 보는 장면임미다 "할머니, 왜 아빠 꺼랑 할아버지 꺼랑 내 꺼가 달라요?" 글자 할머니가 "잉, 니 꺼는 꼬치고 느 그 아부지 꺼는 자지고 할아부지는 좆도 아닝께 그라제" 그랬슴미다 이상으로 저의 발표를 마치겠슴미다.

찬바람 나고 내가 이웃집 만만한 아저씨로 보였을 무렵, 사실 유왕이는 그 개조개같이 꽉 다문 입을 벌려 한두 마디씩을 흘렸던 것인데
이 작은 바람이 일으킨 풍경 소리도 여간 진중히 듣지

않으면 한낱 소란쯤으로 지나가버린다는 걸 한참 뒤에야 알았다.

환장하겠다

한 머스마가 달려오더니 급히 말했다
선생님 '끼'로 시작하는 말이 뭐가 있어요?
끼? 쫌만 기다려
나는 사전을 뒤졌다 '끼니'가 얼른 나왔다
녀석은 단어를 찾는 동안 신이 나서 지껄인다
서연이하고요 끝말잇기를 했는데요 걔가 '새끼'라고 하잖아요
곧 내가 말했다 응, '끼니'라고 그래라
녀석이 환해져서 달려갔다가 껌껌한 얼굴로 금방 다시 왔다
선생님, 그 새끼가요 '니미씨팔'이라는데요?

샤프 장사꾼

대성이가
샤프를 훔쳐가지고 가서는 슬쩍 팔아먹는다고 한다
대성이한테 샤프를 싸게 구입한 현수가 몰래 일러주었다
그러면서 뭐가 불안한지 현수는 자꾸 뒤를 돌아다보며
"쌤, 대성이한테 제가 그랬다고 하면 절대 안 돼요" 한다
아까 국어시간에도 책은 안 보고 내내 두리번두리번하
였다
놈은 필시 또 장사할 거리 어디 없나, 궁리한 것이라고
요놈을 어떻게 해야 하나, 한참, "응, 알았어" 하고는 한참
쥐눈이콩 같은 눈 굴리던 녀석 생각을 하니 웃음부터
나왔다

은닉

　언젠가 박진화의 돈을 훔친 사람으로 주연이를 의심한 적이 있는데 진화가 그날 메일을 보냈다.
　"선생님도 어렸을 때 뭐 훔쳐봤다고 하셨잖아요. 그때 친한 친구의 지갑을 뒤지시진 않으셨죠? 주연이랑 저랑 많이 친하거든요. 주연이가 범인이라는 거, 우리 반 애들 아무도 안 믿어요. 그리고 그 범인이 밝혀지면 선생님이 쉬쉬하신다고 해도 저희는 누군지 다 알게 되겠죠. 저희뿐만 아니라 다른 반 애들도 금방 알게 되겠죠. 그 한 번의 실수가 알려지면 그 애가 너무 불쌍해질 것 같아서요. 이번 일은 그냥 저희끼리 해결하고 싶어요."
　그 후 박진화의 돈을 훔친 범인을 우리는 영영 잊어버렸다.

웃음꽃

　그 조용하고 숫기 없던 아이가
　가을 축제 때 그렇게 싱싱하게 춤을 추어댈 줄은 정말 몰랐다
　공연이 끝나고 모두들 아까 그대로 교실로 돌아왔는데 찬슬이만
　상큼해져서는, 꼭 무슨 선물 보따리를 가득 안은 꽃묶음 같았다

토 생원

영락없이 토 생원을 닮았다
토끼처럼 촐랑대고
직박구리처럼 쫑알댄다
지지배배 떠들다가도
"조용히 안 해?" 소리치면
금방 시치미 뚝 떼고,
"헐, 제가 언제요?" 한다
야단치면 그때만 시무룩,
돌아서면 금방 또 생글거린다
뭘 참견하려는 눈빛으로
다른 반 교실도 기웃거린다
누구든 개 입 낚시에 걸려들면
마구 입담 세례를 퍼붓는다
듣다 못한 담임선생이
"입 안 다물래?" 하면
쏙, 자라 고개가 된다
그것도 잠시다

들어간 고개를 다시 내밀고
두리번두리번
뭐 신나는 일 없나
하루 종일 온 세상을 살금거리는
토끼전의 토 생원 이가영

감염

온 나라 모든 학교가 신종 플루로 떠들썩한데
우리 반 6번 튼실한 김예희는
목소리 엄청 커서 한번 떠들면
교실 천정이 다 울리는 김예희는
듬직한 맏며느리 같다거나 친구들이
"마님" 하고 부르고 "예희이~" 답하며 놀려도
돌아서 확확 웃고 마는 김예희는
우리 반이 다 결석한다 해도
저는 끄떡없을 거라던 김예희는
어제 그제 학교에 못 나왔는데,
신종 플루에 걸린 동생 간호하느라
밤새 홀딱 벗겨놓고 씻겨주고 닦아주느라
개근상도 놓쳐버렸는데 김예희는 오늘은 또
씩씩하게 등교하여 환한 웃음을 감염시키고 있다

박세화

  가정방문 갔는데 13평 주공 아파트에서 지체 장애 1급 언니랑 동생이랑 엄마랑 살고 있었다
  엄마는 당뇨 합병증을 몹시 앓았고, 장애 언니를 제가 엄마처럼 보살피고 있었다
  동생이 전염병에 걸렸는데도 한 방에서 잘 수밖에 없었다 공부는 언제나 뒷전인,
  주번 활동도 게으르고 청소도 잘 안 해 야단을 치려하면 쿡, 감춘 가시를 드러낸다
  차가운 비 머금은 그 애 눈망울이 진초록을 다 빨아 마셔버려선지 가을이 점점 깊다
  해 갑자기 짧아진 날 주공 아파트 앞 느티나무 잎들 시멘트 바닥에서 오그라들며 운다

내 마음의 목련 꽃

목련도 이미 지고 경하는 서울로 갔다 엄마 있는 데로 다시 간
 경하 고 가시내 전학 간 학교 교정에도 목련은 부시게 피었는지 몰라

 서울에 홀로 사는 엄마가 키우기 힘들어 버리다시피
 목포에 있는 이모에게 떠맡겼다는데
 아빤 어렸을 때 교통사고로 죽었다던가
 그래서 세상이 싫고 더구나 이모 집은 더더욱 싫어 떠돌다 귀가 늦으면
 이종 오빠가 두들겨 팼다던가, 고 경하
 엄마가 '두드려 패서라도 잘 데리고 있으라' 했다는데

 내가 전근 와 담임을 맡던 날 개학식 끝나고
 그해따라 일찍 핀 목련이 너무도 희고 환해서 봄이 봄 같잖던 날
 흰 종아리의 여중생들 인솔해 강당에서 교실로 들어오

고 있었는데

씨팔, 지가 선생이면 다야? 때리긴 왜 때려? 씨팔!

그 애 줄 제대로 안 서고 떠들다 학생 부장한테 한 대 맞았나?
'씨팔'에 깜짝 놀라 뒤를 돌아다보았는데 돌아다본 곳에는
너무 환하고 너무도 활짝 피어버린 목련 한 송이 깔깔대고 있었고
'씨팔'은 거기서 마구 쏟아져 나오고 있었지

경하는 가장 깨끗한 꽃이 저렇게 지저분하게도 진다는 것을
진즉 알고 있었나 누추한 봄은 다른 해보다 일찍 가버리고
나도 두어 번 '씨팔'을 용서 못하고 그 애 정강이를 깠다

그때마다 경하는 예외 없이 나한테도 '씨팔'을 내뱉었지

흥, 때릴 테면 때려봐, 신고해버릴랑께 씨팔!

뚝뚝 져버린 경하의 자리엔 목련 잎들 짙푸르고
　오늘은 목련이 진 자리를 가만히 들여다본다 씨팔! 씨팔! 하며
　여태 옹송거리고 있던 푸른 바람이 막 달려나오고 있다

미친 교실

"씨팔년아 뭐 어쩌라고, 어쩔 건데?"
이어폰을 꽂은 학생이 욕을 하며 대든다.
여교사는 다리가 후들거려 교탁을 짚는다.
자식 놈보다 어린 저 고딩 녀석을 어쩌랴.
참을 수 없는 수모를 견뎌내며 겨우겨우
"너, 공부하러 왔어, 음악 들으러 학교 왔어?"
라고 묻는 그녀 목소리가 캄캄하게 떨린다.
녀석은 교실 바닥에 침을 탁, 내뱉는다.
"뭐라고 하냐? 저 씨팔년이"라며 빈정거린다.
"당장 밖으로 나가!" 교사는 비명을 지른다.
본드 흡입처럼 흐리멍덩해진 눈을 쫙 찢으며
반 친구들을 휘, 둘러보고 난 학생은 말한다.
"애들아, 저년이 나보고 나가란다? 지가 나가지"
그녀는 절망마저 놓아버리고 그만 주저앉는다.
뿌연 형광등이 미친 교실을 가만히 내려다본다.

왕따

 좀 어눌한 지선이가 반 아이들한테 왕따 당하는 줄 알았는데 그게 아닙니다. 덩치만 컸지 뭐, 하고는 지선이를 잘못 건든 애들이 우르르 몰려와 저희 살려달라고 오히려 숨넘어갑니다. 요즘 지선이는 저 놀리는 애들을 사정없이 밀어버리는 모양인데 힘이 워낙 세서 꼼짝 못하고 홀러덩 나가떨어져 버린답니다. 드디어 폭발한 지선이의 비밀 병기에 애들은 몹시 당황해 일대 혼란이 일어난 겁니다.
 한번은 휴대폰 안 낸 애들이 너무 많아 담임이 종례 시간에 검사를 하였답니다. 그러자 유화가 그걸 급히 사물함에 숨겼는데 지선이 눈에 딱 걸린 겁니다. 학생이 그러면 안 된다는 지선이의 눈빛 간절한데, 다른 애들은 한 패가 되어 쉬쉬 유화를 감싸느라 애쓰는 순간입니다. 지선이는 유화가 휴대폰 안 내고 숨겼다는 말을 하려다가 얼른 안 나오니까 얼굴만 벌게서 저, 저, 하고 있고, 아이들은 그런 지선이가 이상하다고, 마귀할멈 닮은 빨간 저 얼굴 좀 보라고 야단입니다. 순간 벌떡 일어난 지선이가

"야, 니, 휴대포 간첬자나"하고는 유화를 확 밀쳐버립니다. 유화는 의자와 함께 교실 바닥에 나가떨어져 엉엉, 울고불고 난리 났습니다. 이웃 반 쌍둥이 자매 지은이가 언제 왔는지 뒷문으로 그걸 들여다봅니다. 아이들은 움찔합니다. 지은이는 힘이 더 셉니다. 유화는 울음을 뚝 그칩니다. 지선이와 지은이가 한 패가 되니 다른 아이들은 이제 꼼짝 못합니다. 지선이와 지은이는 복도를 지나 당당하게 집으로 갑니다. 맨날 거짓말하고 바른 행동 안 하는 쟤네들과는 앞으로 같이 놀아주지도 않을 작정입니다.

오늘 나는 안심이에요

경민이가 은돌이를 넘어뜨리고 머리를 밟아요
장난이라니까, 은돌이는 가만있어요
꿈틀거리다가 더 으깨어진 기억이 내게도 많아요
경민이는 키득키득 게임처럼 즐겨요
툭툭 차다가 심심하면 청소함 밀걸레로
은돌이의 얼굴을 마구 문질러요
"걸레한테 고맙지? 은돌이 얼굴이 아주 깨끗해졌네."
경민이의 음성에 깜짝 놀란
나는 앞문으로 달려가 망을 봐요
담탱이가 오면 개 소리를 내고
고양이 울음 곁들여요
왈왈 깨갱깨갱 니야아옹 슬픈 내 마음이 울면
경민이는 은돌이를 일으켜 다정하게 어깨동무해요
"쌤, 찐따 은돌이랑 놀아주고 있어요 저 착하죠?"
경민이의 딴청에 담임은 갸웃갸웃 애들은 끄덕끄덕
복도와 교실도 팔짱 끼고 침묵해요 모두들
나경민 주연 정은돌 조연의 공포영화 한 편 관람하는

거죠
  오늘 나는 피에로 그래서 안심이에요
  망을 잘 본 탓에 두근두근 하루가 무사히 지나가요

향기로운 똥끝

기세 좋은 가이즈까 향나무를 보았다
기차가 이젠 안 다니는 철둑길 옆이다
(폐교된 학교 정원이라 해도 괜찮다)
몇 년째 내버려진 향나무 몇 그루가
정원사의 가위질 없이도 잘 살고 있다
활개를 치고 있다는 느낌이 팍, 들었다
제멋대로 잘 크고 있다는 자신감이었고
펄펄 힘이 살아 있는 그런 쾌활한 태도였다
허공을 향해 뻗쳐오르는 팔다리들은
아가의 똥끝처럼 응까, 하고 향기로웠다
애초에 사람들이 향나무라 부른 까닭이다
결국엔 향나무의 뾰족한 그 끝을 주목한다
아이의 똥꼬에서 막 떨어져 나온 똥
끝에 신선한 날것과 수많은 서성거림이
어딘가로 뻗어나가려는 허공들이 날름거리며
무구한 시간과 함께 몸부림치고 있다 끄응,
혼신의 힘으로 밀어낸 뒤 엄마를 돌아다보는

저 향나무 소년은
학교 정원이나 철둑길 가에서 쩔꺽쩔꺽
둥글게 가위질당하기 오래전, 나무의
잃어왔던 그것, 똥끝을 되찾은 거다
꿈틀꿈틀 저의 향기로운 생을

새끼 소와 아이들

 자동차들 쌩쌩 달리는 팔차선 도로에 헉, 소 새끼 한 마리가 나타났다. 화들짝 놀란 도시가 쌍라이트 치켜뜨고 악다구니 써댄다. 입에 흰 거품 가득 문 새끼 소도 깜짝 놀라 사방을 두리번거린다. 잔뜩 겁먹은 듯 발굽을 휘청거리더니 허겁지겁 빌딩 숲 쪽으로 사라진다. 갈 곳 잃고 저 온 곳도 잊어버렸나. 저 쪽은 구제역 매립장이나 축사 가는 길도 아닌데, 백미러에 비친 아파트 한구석에 제 마구간이라도 있는가. 거기 벌겋게 환영(幻影)이 깃든다. 급히 차를 유턴, 나도 그쪽으로 빨려든다.

 날뛰던 새끼 소한테 코뚜레가 생겨나고 학원 가던 아이들 손에 소고삐가 쥐어진다. 옥죈 고삐 슬슬 풀어주자 새끼 소는 가로등을 맛나게 뜯어 먹는다. 아이들은 시멘트 바닥에서 지치도록 헤엄치고 논다. 어느덧 자란 소가 도시를 갈아엎고, 다 큰 사람들은 아스팔트 농사 짓는다. 일하고 집에 갈 땐 늘 소가 앞서고 사람이 뒤따른다. 소가 먹다 남긴 철제 난간 분질러 군불 땐다. 압력솥에 현미 여

물 끓여 후후 불어가며 우적우적 소 같이 나누어 먹고
똥 싸고 두런두런 하품하고 놀다 잠 잘 잔다.

제3부

내가 보듬어본 향기들

세상에 태어나 보듬어본 그 향기들을 절대 나는 잊을 수가 없다

다 익은 나락을 베어 말린 후 탈곡하려고 묶을 때는 보듬을 수밖에 없는데 그때의 볏짚 냄새며

추운 겨울 방을 덥히려 산에 올라 긁은 솔가리를 지게에 얹으려고 안아 들었던 때의 아련한 솔향기며

처음으로 기다리고 처음으로 사랑하고 처음으로 그대 살갗 가까이 다가갔을 때 훅 끼치던 그 페로몬 향이며

서어나무 무사

만일암 터 천년수* 찾아가는 숲은 흘러내린 절벽의 빙폭처럼 냉엄하다 천 년의 이 숲에 무사들 숨어들었다 바삭, 마른 소리만 건드릴 뿐 그들 조릿대 사이 촘촘한 댓잎 하나 다치지 않는다 추적자의 소문이 숲에 들자 검을 내리고 그들 서어나무로 우뚝 섰다 오래전 회색 승복을 걸친 채 희고 냉정한 근육들 단련하여 이 숲에 살아남았다

차라리 뼈라고 해야 할 근육질 뒤틀리면 그들의 진가는 발휘된다
칠흑의 밤이라면 더욱 좋다 합!
그들 냉기 어린 응달에서 검을 겨눈다
단 일합에 적송 줄기 빠지끈 부러뜨리고
스치는 칼날 희번뜩,
어둡던 눈발들 사방에 흩뜨린다

그 숲, 천년수 찾아가는 길목에 살진 얼굴의 북미륵암 마애여래좌상 상주(常住)한다 백성의 염원으로 포동포동

해진 좌상, 단전에 손 올린 결가부좌가 맥없어 보인다 고려가 후백제를 치고 넘으며 흘린 칼부림을 못 견뎌 한 것인가 단호했던 시대를 덮어두려는 듯 얼굴은 둥글넓적하다 그 육질의 화강암 몸빛에서 그때 뛰쳐나온, 마애여래를 향한

  천 년을 훌쩍 넘긴 이 숲의 불심이
  저 서어나무 무사들을 묵묵히 숨겨냈으리

---

* 약 1,200살로 추정되는 해남 두륜산의 느티나무.

여울 근처 여름 숲에서

저 녀석, 저러다간 울지도 모르겠는걸? 떡갈나무는 두어 발짝 떨어진 숲 안쪽에서 중얼거린다. 물결무늬를 한창 펼쳐내던 떡갈잎들, 두터워진 그 투박한 손바닥을 써럭써럭 맞비빈다.

엊그제 장마가 다녀간 뒤로 부쩍 생각이 많아진 개옻나무는 여울에 떠가는 주황색 잎이 저인 줄을 모르고 깊은 수심에 코가 쑥 빠져 있다. 떡갈나무는 그런 그의 우수가 여전히 걱정이고,

멧비둘기의 아내가 죽었는지 구국구욱 울음 뜸해진 산속이 요즘 따라 소슬하다. 산제비나비가 이윽고 어슬렁거리며 나타나 검은 날개를 펄럭이자 주변은 금세 어두워지기 시작한다.

이상 없는 저녁을 확인한 제비나비는 처자들 석 달 못 본 사내처럼 여름 숲으로 난 제 골목길을 쏜살같이 달려서 오른다.

은행나무, 겨울 허공에 눕다

　몸을 낮추면 아청빛 허공에 그는 누워 있게 된다 언제 돌아왔는지 풍찬노숙 이미 나자빠진 모습

　허공은 그를 품에 안아서 한 땀 한 땀 꿰어놓았다 '이놈아 제발 이놈아' 어미 마음에 시침질하여 자식 붙들 듯, 솜씨 좋은 외과 의사가 만신창이 그를 촘촘히 꿰어 걸어놓듯

　허허, 세상의 쓴맛 매운맛 다 알아버린 자세로 오랜만에 누워서 그는
　처음으로 마흔 너머의 수긍이 또 다른 삶의 시작이라는 걸 알게 된다

달개비 순정

　강아지풀이 그토록 간질이던 어제까지만 해도 꾹 잘도 참고 있더니
　날개 젖은 등줄실잠자리가 팔랑팔랑 그 황홀한 날갯짓으로 반달 쑥떡 같은 복주머니에 앉았을 때에야 그만
　달개비는 남빛 동그란 손수건을 슬그머니 꺼내놓고야 마는 것이었네

　그 두 장의 손수건엔 희고 노란 실밥이 아직 묻어났네 그건
　몇 날 밤 잠을 자지 않고 눈 비비며 겨우겨우 달개비가 짠 것이어서
　잠자리의 날갯짓에 반해 얼떨결에 열리고 만 달개비의 순정 탓이어서

첫가을 바람

등줄실잠자리 날개에라도 실려서 온단 말인가 그렇지 않고서야 저것들, 어찌 이리도 살짝 귓불을 간질일 수 있단 말인가 아니면 그 가볍고 미미한 것들, 목백일홍 꽃잎 사이사이를 통과하기라도 하여, 그 뜨거움을 이 기막힌 맛으로 식혀서 우리 앞에 살랑, 내놓는단 말인가

도토리들

어디 가을이 얼마큼 왔나 궁금해 산에 갔더니

키 작은 졸참나무 도토리들 바위틈에 수월찮이 나앉아서

꼭 포경수술 한 동무지간들 목욕탕에서처럼 쪼그리고 앉아서

운동 나온 아낙이 흘끔 보거나 말거나

큰놈 작은놈들 거시기가 밖으로 볼똑하니 나오도록 앉아서

가을볕 따글따글하니 쬐고들 있습디다요

돌돌 말린 나뭇잎들

 갓바위산 속 밤새 숨 놓아버린 굴참나무 잎들, 너럭바위에 오그라져 누운 저 몸부림들, 죽어서야 보여주는 삶의 결인가 살아서 환히 내밀지 못하고 늘 감춰들었던 햇살의 반대편, 그 반편의 삶들 죽어서나 오글쪼글 내보이는가 늦가을 햇살도 거기 초분에 내려들어선 노닥노닥 미안한 마음으로 오래 조문하거나, 혹은 유달산 쪽으로 기울어 가기를 아예 잊어버린 맘씨 좋은 햇살들 칠성판에 누워 함께 바삭대는 중

오래 견딘 한줄금

　가벼운 바람 한줄금 퍼진다 살핏살핏 물비늘을 보여주는 늪 들여다보며 한참 웅크리고 있으니 은근 뒤가 묵직해진다 무언가에 사로잡히거나 오싹 빠져들었을 때 몸의 반응

　갑자기 몸이 똥을 누고 싶어 한다 오래 견딘 한줄금이 내 몸에도 닿은 것 봇물이 쑥 잡아당기는 것 같다 물의 안, 어머니의 자궁이 저러했을까 붕어마름이 깊다 깜깜 어둡다 물 위의 부들이 바람 탓에 높다 나는 어디서 깊거나 혹은 저리 높았는가

　그 사이 소금쟁이는 참 가볍고, 난 너무 무거워 이제야 여기 온 거다 봇물 고이고 물웅덩이가 되는 동안 나는 여태 뛰어다녔으므로, 폭풍에 떠밀려 몰려다니고 그리우면 좀 지그시 기다릴 줄 몰랐으므로, 입술 꽉 깨물고 웅덩이처럼 끝내 견딜 줄을 몰랐으므로 자귀나무 꽃 한 송이도 못 펼쳐들었던 것

먼 할머니 무덤 위로 목마른 쏘내기 한줄금 지난다

구월의 회산연꽃방죽

 드센 위엄 앞세워 몹쓸 전쟁 일으키려고
 한 위정자가 호령하여 백만 대군을 모았다는데
 출정 한번 못 해보고 야영지에서 몇 달째 묵고 있는 것
이다
 투구와 갑옷은 곳곳이 헤지고 녹이 슬고
 병졸들은 한갓 가을바람에 옷깃 들추며
 하얀 보푸라기 뒤집어 톡톡 이나 잡고 있는 것이다
 장단 맞추던 비바람 거세지기라도 하면 두두두두
 초원의 먼 말발굽 소리 흉내도 내면서 화살통의
 빈 화살을 허공에 겨누어보기도 하면서
 흥얼흥얼 취한 듯 몸을 건들대다가
 겨드랑이나 박박 긁고 있는 것이다
 진격하라! 대장군이 큰 칼 빼어들고 명령한다 해도
 노도의 함성으로 푸른 창을 흔들어대지는 못하리
 지금은 무기를 내어던지고 뿔뿔이 흩어지는 중,
 더러는 하릴없이 세 끼 밥이나 축내고 날 저물면
 점호도 없는 병졸들 숙인 고개 서로에게 기대며

천리 타향 여기까진 왜 왔냐고
두런두런 신세 한탄도 하는 것이다

산동은 우울하다

연노란 꽃잎들이 햇살을 뛰쳐나와
나뭇가지에 다닥다닥 달라붙는다
봄날 가득 우울한 마음들
나른한 봄빛들 마구 터져 번지는
구례군 산동면 지리산 자락
겨우내 천식 앓던 상위마을 늙은 여자
풀린 봄볕 쬐러 돌담불에 나왔다가
묵은 빨래하러 끙, 일어났다가
꽃샘바람에 쿨럭쿨럭
허공에 누런 가래를 내뱉는다
몸에선 부스럼이 뚝뚝 떨어진다
여든여섯의 생을 지탱해준 누추를
떼어내며 봄을 당겨오지만
죽음 쪽으로도 그녀 한 발짝 다가간다
상위마을 냇둑에 산수유 꽃 빛 울렁울렁
애써 명랑하려는 마음을
막 돋는 새순이

초록 쪽으로 더욱 끌어당기고 있다

거개마을

산속에 큰길이 하나 무례하게도 나타났던 것
갑작스레 드러나니 거개는 표정이 좀 어스레한데,
도로가 느닷없이 산을 뚫고 달려오던 날
거기도 마한 이래 마을이 있었음을 밝혀내었던 것
열두 고개를 넘어서야 겨우 찾아들었거나 전에는
읍에 한번 나가본 적이 없던 어둑함이 전부였으리
발랑 까진 빛들이 어느 날은 부시게 쏟아들어
비밀스런 속곳을 단박에 까발려버렸던 것

그러고는 겨우 생각해 낸 게 동물 이동로라니
희붐한 산속에 교차로라니 신호등이라니

그러던 어느 날은 늙은 고라니 부부가
동물 이동로 신호등 앞에 한참을 섰더라
비켜가고 돌아가는 걸음만이 길이라고 알고 있던,
누에잠 자듯 제암산에 세 들어 살던 노부부
건널목 이편 쏟아지는 볕이 너무 환해서

그들 길 건너는 때를 잃었는데, 저승 가는 것인 양
거개서 깜박 한잠, 그러다가 흘긋 사라진 그들의
뒷자락이 심심산골의 언뜻언뜻 산신령 같았는데

사차선 도로 곁에 엉거주춤 드러난 거개는
똥 싸고 밑도 못 닦고 갑자기 환해진 사위가
어찌 된 사연인지를 아직 모른다

산길

길은 흔들리지 않고 저리 묵직하다
산길이 거센 바람에도 끄떡 않는 것은
그동안 수많은 발길들이 다녀갔기 때문
자살하려고 산에 들었던 어느 실연자는
일등바위까지 올랐다가
이내 웃으며 터벅터벅 내려갔다
그건 길이 울음을 대신 삼켜주었기 때문
언젠가는 실직자가 낮술에 취해 꺼윽꺼윽
슬픈 얼굴을 길 다 젖도록 비벼대기도 하였다
신발 끈 질끈 동여맨 산길의
궁리와 생각들은 저토록
깊고 우직하다
태풍이 온다는 예보에
바위가 잔뜩 움츠리고 은사시나무 잎들
사방팔방으로 몸서리친다
단단히 다져진 길의 근육이
정신처럼 빛난다

꽃나무를 이해하고 왔다

진달래 꽃봉오리가 막 껍질을 찢고 빠끔히 세상을 내다본다. 따끈한 입김 훅 끼치자 자꾸 고개를 도리반거린다. 가늘게 눈을 찡그린다. 어떤 안간힘이다. 허공으로 치켜 감싸 쥔 꽃받침이 궁금한 눈빛에게 들어가! 들어가! 하는, 활짝은 피지 않으려는 꽃 마음, 막 피려 할 때의 가장 좋은 그 마음, 환한 꽃 막 안팎의, 두근두근 너와 나의 처음 눈빛을 간직한 꽃나무를 오늘 이해하고 왔다.

월하향(月下香), 이 여자

언제 먼저 날 건드려 온 적이 없다 달빛이 투명한 꽃등을 톡, 톡, 밝히면 반응하는 여자, 몇 년에 어쩌다 한 번은 햇살에 은근 야릇 마른 손가락을 슬쩍 내 겨드랑이 근처에 밀어 넣다 말다 하는

그런 달밤이면 거대한 자궁 안에 함께 살고 있는 저 너머의 하늘타리 덩굴손이 반 뼘쯤은 월하향(月下香) 네게로 향하다 멈칫, 한다

숨겨놓은 꽃등이 환해졌다

목련 꽃 아린이 껍질을 부풀리며 등 켤 채비를 한다
방 안의 귀여운 불빛들 톡톡 봉창을 두드린다

너무 깊고 아릿한 너를 뉘에게 다는 말하지 못한다
깜깜했던 그 마음이 한 시절을 지나와서는 환히 등을 밝힌다

아, 당신을 사랑하는 마음이다
어두운 내 마음 여기 있어 환한 당신도 거기 있는 것이다

뼈저린 전설

아침 일찍 실눈을 뜨니 솨솨솨
포근한 어둠 이불 걷어내네
하늘에서 방금 내려온 숫눈을
댓잎 가득 받으시네 당신은,
첫차로는 야멸치게 떠나라는 듯
숫밥 한 상 걸게 차리시네
고슬고슬 피는 된장국 함께 고봉 한술 떠서는

드셔요, 새벽 첫 밥이어요
하늘빛 환해지기 전에 어서요

숫밥 먹고 나 그늘로 환생하여선
어슴새벽 떠나려 훌쩍
햇빛 기차에 오르네
들고양이 한 마리
그대 몸 흔적을 디뎌
살금 멀어가네 아흥-

하얀 울음이 애절하네

몸에서 마음이 생겨나고
마음 또한 그 몸을 사무친다

차츰 평온할 거야 차츰,
수없이 주문을 외며
햇빛 속에 드니 문득
당신에게 돌아갈 길
떠오르지 않네 환하게
야성을 잃고 마네
어둠에 깃드는 몸의 회로
사라져버렸네 그 숫밥
절대 마음이 되네 그 숲 속
뼈저린 전설이 되네

화려찬란무당거미

　비탈 아래 묵정밭 덤불숲, 암컷은 기다린다 점액 끈적한 나선 줄에 잔뜩 긴장을 걸어놓고 날것의 파동을 기다린다 사나흘은 탈탈 굶었다 가막살나무 빨간 열매가 매혹적인 오후

　방사 줄 톡, 톡, 건드리며 암컷이 좀 더 센티해지기를, 이 충만한 오후가 야릇하고 나긋나긋해지기를 수컷 한나절은 훌쩍 기다린다 갈바람이 사지를 간질간질 간음해도 꿈쩍 않는다 이윽고 더는 못 참겠는 수컷, 투명해진 햇살을 타고 살금살금 다가간다 순식간에 넘어뜨리고 마구 풀어 헤친다 덤불숲, 겁도 없이 발가벗고 엉겨 붙는다 환하다 덤불숲 거기, 죽도록 당신에게 파고들래요 도깨비바늘 창끝 세워 살갗을 찌른다 등줄기 갑자기 무서워진다 오싹, 필사적으로 숲 헤쳐 달아 나온다 발을 헛디딘다 찐득하게 바짓가랑이에 달라붙는 쇠무릎풀들

　(나른한 유혹 퍼지던 덤불숲 가막살나무 비릿한 꽃내음의 기억)

　기다림 줄 잘못 건드린 작은 수컷 화려찬란무당거미 암

컷에게 아그작, 아그작, 씹어 먹히고 있다 가막살나무 아래 가을볕
  파삭, 마르고
  덤불숲 탱탱하다

간격이 있네

멀고도 아뜩하니 가까운,
간격을 지녀야 겨우겨우 살아갈 수 있다는 말 아프지만
간격이라는, 그 참 슬프고도 거룩한 말

너와 내가 만나 네게서 나에게로
나에게서 네게로 건너가는 떨림이 생겨난다니 간격에서
꽃잎 돋고 아이가 생기고 눈물과 웃음이 일었다 스러진다니

여자와 남자가 손을 잡네 안쓰러운 손길이 눈물을 닦아주네
간격과 간격이 키스를 하네 순간 바람에 나뭇잎 반짝이네

설핏 두 눈이 웃음을 보여주네 간격이
저릿저릿, 그대 은밀히 감춘 아픔을 알게 하네

송알송알 조팝꽃들 피고 지네

그 간격에 우리 깃들었네!

널 주려고

내 몸 허리를 찢어 애기나리 한 포기 캐낸다

도려낸 만큼 몸은 철없이 한동안 욱신거린다

아픈 자리 아물어 그런데 짙은 그늘이 생겨났다

평생을 마음 썩도록은 남아 있을 아린 그늘

생이 지나치며 자꾸자꾸 들여다보는 꽃그늘

쌍계사 진달래

지난 번 쌍계사 갔을 때

사랑한다, 내놓고 하지 못한 그 말이

봄이 다 가도록 절벽 끝에 매달려 있었다.

해설

해설

왁자지껄한 웃음의 시학

임동확 시인

대체로 웃음은 모든 사람들과 하나로 엮어주고 친교하게 만든다. 각박한 생활에서 오는 화석처럼 굳어진 생각과 마음의 긴장 및 갈등을 풀리게 하거나 해방시켜 준다. 자아도취적 집착과 욕망에서 오는 공포와 불안, 그리고 죄의식과 죄의 전율을 일시적이나마 벗어나게 하는 것이 웃음이다. 하지만 모든 웃음이 다 그런 것은 아니다. 웃음은 기쁘거나 즐거운 때만 아니라 슬프거나 어처구니가 없을 때, 남을 깔보거나 무시할 경우에도 터진다. 수많은 근심과 걱정, 분노와 공포와 관련되어 있는 게 웃음이라는 점에서 웃음은 처음부터 겉과 속을 달리하는 속성을 지니고 있다.

그렇듯 모든 웃음이 마냥 행복하거나 평화로운 상태를 나타내는 것은 아니다. 그렇다고 믿는 것은, 근본적으로 웃음이 품고 있는 다양한 책략(tact)들을 얕보는 매우 순진한 처사다. 웃는 얼굴 뒤엔 자주 불쾌하거나 슬픈 감정을 숨기거나 방어하려는 노력이 들어있기 때문이다. 이봉환 시인이 이번 시집에서 보여주는 웃음 역시 그렇다. 걸쭉한 성적 농담과 격의 없는 상소리 등이 살아 있는 그의 시들은, 일단 서로 간의 친밀감을 북돋고 삶의 긴장과 갈등에서 자유롭게 하는 웃음을 유발한다. 특히 사투리와 말장난(pun), 구어와 육담 등을 통해 야기되는 웃음은, 형식화되고 박제화된 인간관계를 친밀하고도 따스한 인간적 교류와 만남의 관계로 전환시키는 데 효과적이다.

하지만 그러한 와자지껄하고 소란스런 그의 웃음 속엔 왠지 모를 슬픔과 서글픔, 분노와 절망감이 배어 있다. 혼자보다는 여럿이 함께 떠들며 어울려 떠들며 와자지껄하게 웃는 그의 모습 뒤엔 고단한 농업 노동과 각박한 현실에서 오는 슬픔과 아픔의 그림자가 어른거린다.

> 물기만 살짝 젖어도 반짝이는 조약돌이었던,
> 그 좋은 한때가 벌써 오래 전에 졸졸 흘러가버린
> 여자들 대여섯이 계곡물에서 텀벙댄다
> 나는 아들만 일곱을 낳았어 이년아!
> 일곱이면 뭘 해 영감도 없는 것이?
> 까르르 웃음보 터지고 물방울들 바위를 구른다
> 아직도 그렇게 반짝이던 생이 남아 있을라나?
> 바위를 닮은 여자들 가랑이 사이에
> 검푸른 이끼가 끼어버린 여자들이, 풍덩
> 뛰어들면 금세 거무튀튀해지는 바위들이 계곡에서
> 삼겹살에 상추쌈에 대두병 소주를 맛나게 마시고 있다
> 연분홍 치마가 봄바람에 날리거나 말거나
> 아카시아 숲 속으로 꽃마차가 달리거나 말거나
> 보고 보아도 질리지 않는 바위들이 낮술에 취해

물속에 가랑이를 터억 벌리고 누워 있다
영감 그거 있어봤자 성가시기나 하지 뭘 해?
그래도 등 긁어주는 건 그놈뿐이여 이년아!

―「바위 닮은 여자들」 전문

모처럼 거친 노동과 남성들의 시선에서 자유로운 "대여섯" 명의 "여자들"이 "계곡물에서 텀벙대는" 가운데 한 아낙이 "나는 아들만 일곱을 낳았어"라고 자랑한다. 그러자 다른 아낙이 "일곱이면 뭘 해 영감도 없는 것이"라고 되받아친다. 그리고 그 과정에서 "까르르 웃음보"가 터진다. 한 아낙의 우월성의 근거인 아들 자랑에 남편 부재와 연결시켜 재치 있게 되받아침으로써 모두의 웃음을 끌어낼 수 있었던 것이다. 하지만 이미 그녀들은 "물기" "젖"은 "조약돌"처럼 "반짝"이지 않다. 어느덧 "검푸른 이끼가 끼어버린" "바위를 닮"은 그녀들은, 서글프게도 여성으로서 섹슈얼리티(sexuality)나 생산성이 거세된 여성들일 뿐이다.

"벌써 오래 전에" "그 좋은 한때가" "흘러가버린" "여자들"끼리 "대두병 소주를 맛나게 마시"는 "계곡" 역시 그러하다. 일단 그곳은 잠시나마 꽉 짜인 일상의 구속이나 억압을 벗어나 자유로운 놀이와 휴식이 보장되는 공간을 나타낸다. 또한 그곳은 금지된 욕망과 외설, 욕설과 에로티시즘과 같은 육체적인 원리가 거침없이 구현되는 성역性域이자 현실적 억압이나 고통이 전도顚倒되는 성역聖域을 가리킨다. 하지만 엄밀히 말해 "연분홍 치마가 봄바람에 날리거나 말거나" 상관하지 않는 여성들은, 이미 여성성이 석화石化되고 무성화無性化되어 있는 남성화된 여성들일 뿐이다. 그리고 그러한 여성들이 그동안 남성들의 전유물처럼 여겨왔던 "낮술에 취해" "가랑이를 터억 벌리고 있"는 "물속"은, 특히 단지 여성들의 해방구가 아니라 애써 감춰놓은 슬픔과 아픔을 확인하는 또 다른 삶의 현장일 뿐이다.

달리 말해, 아들만 일곱 가진 아낙이 남편 자랑 하는 아낙에게 "영감 그거 있어봤자 성가시기나 하지 뭘 해"라고 반격하자 "그래도 등 긁어주는 거는 건 그놈뿐이여 이년아!"라고 대꾸하는 순간 자연스레 터져 나왔을 웃음은 그저 즐겁고 흥겨운 것만은 아니다. 독자들이나 청중들의 기대 지평을 여지없이 깨트리는 데서 유발되는 그 웃음들은 분명 일상생활의 긴장과 갈등을 해소하고 서로 간의 연대성을 확인하는 역할을 수행한다. 하지만 그녀들의 아들과 남편을 둘러싼 격의 없고 허물없는 농담 속엔 여전히 풀리지 않는 삶의 고난과 슬픔들을 이완하거나 해소하려는 노력이 숨어들어있다. 때로 과장되고 황당하며 비예측적인 언어 규범의 사용으로 인한 해학적 웃음은 현실적 좌절과 절망에 대한 반대급부의 성격이 강하다.

평소엔 상상할 수 없는 "어매들"의 왁자지껄한 "음담패설"이나 욕설 섞인 농담들 역시 그렇다. 청소년기의 "내"가 들어선 안 될 성적 금기어들과 육담肉談들은 "달리 아픔"을 "잊을 거리 없던" 시대의 대리 배설 욕구이자 "해종일" 진행된 "모내기"와 같은 노동의 고통 또는 "그 아픔 환하게 벗겨내"(「그 아픔 환하게 버즘나무처럼」)는 작업과 무관하지 않다. "늙은 할망구들"이 태반인 마을 관광 여행에 굳이 "젊고 이쁘고 거시기한" "김 기사 그놈"을 기어이 데려가려고 청탁 "전화"를 하는 "부녀회장"(「김 기사 그놈」)의 행위에서 유발되는 해학적인 웃음의 밑바닥에선, 힘들고 고된 노동으로 "전기장판에 눕혀놓은 고장 난 삭신에선 고양이 울음"이 나는 "엄마"(「엄마는 고양이」)의 현실이 확인된다.

이봉환 시인의 해학적인 시가 풍자적인 시들로 바뀌는 것은 바로 이 지점이다. 인간과 사회에 대한 선의善意를 품은 채 그 약점이나 실수 등에 즐겁게 공감하는 해학적인 유희가 더 이상 불가능한 지점에서, 주로 사회 개혁이나 자기비판으로서 비난과 야유, 조롱과 놀림을 바탕으로 한 그의 풍자적인 시가 탄생한다. 상대를 따스한 사랑과 동정의 시선보다는 적대감을 갖고 바라보기 시작할 때, 그의 악의 없는 웃음은 상대방에 대한 가차 없는 비판과 공격을 담은 풍자로 전환된다.

> 웬걸, 별 이상한 쥐새끼 때문에 오늘 또 술자리가 발칵 뒤집혔다. 놈은 쥐의 일반적 생리를 다 갖춘 것은 물론 모든 쥐를 능가하는, 무모한 배짱까지 장착한 일종의 신종 쥐대포가 아니겠냐는 정밀 진단도 나왔다. 더구나 세상에는 먹을 것 너무 많아 한갓 쥐눈이콩을 거두어들일 야생의 냇둑도 필요도 없거니와, 곡물을 쏠 수고조차도 안 하려는 배부른 쥐의 패거리들이 창고를 박차고 강으로, 강으로 시멘트 포대를 갚으러 몰려든다는 소문. 이 신종 쥐를 사람들은 '이엠병' 또는 '2MB'로 어르다가 요즘엔 '쥐박이', '쥐눈이'라고도 힐난한다.
> 새의 울음이 하도나 낭랑해서, 세상이 같잖지도 않아서 잠이 안 온다. 얼씨구나 헌데 소쩍새가 또 운다. 조또- 조또- 하고 저 혼자 세상을 비웃던 새는, 쥐새끼가 밤말 엿듣는다 여겼는지 훌, 저쪽으로 날아가서는 소리를 조금 낮춰 한참을, 또 제 맛에 빠져 논다. 헛배만 가득 부른 풍선인간들 펑펑 터져 나자빠지는 세상, 조또새가 자지 않고 그 세상을 갖고 논다.
>
> ―「조또새」 일부

여기서 "쥐새끼"로 희화화되고 풍자화된 전직 대통령은 더 이상 일말의 동정이나 연민의 대상이 아니다. 한때 국정의 최고 책임자였던 자로서 '쥐'라는 동물로 격하된 인물은 그저 욕심 사나운 "사람들"을 대표하는 자이자 국토 난개발과 부정부패를 상징하는 동물일 뿐이다. 특히 "쥐박이" 또는 "쥐눈이"라는 경멸적인 별명은 재임기간의 행적이 "쥐의 일반적 생리"를 닮아있는 데서 기인한다. "이엠병"이라는 욕설이 담긴 별명과 그에 대한 "힐난"은 특정인에 대한 부정과 비난, 증오와 저항의 식을 바탕으로 한 본격적인 풍자화라고 할 수 있다.

하지만 그 풍자가 어느 순간 특유의 공격성을 유지하지 못한 채 "조또- 조또- 하고 저 혼자 세상을 비웃"는 냉소冷笑로 바뀐다. 특히 그 풍자가 사회성과 교훈성을 상실한 채 마주한 "세상"을 "같잖"게 보거나 "저 혼자 세상을 비웃"을 때 염세주의 또는 허무주의로 발전한다. 그리고 "2MB"에 대한 풍자가 냉소로 뒤바뀌는 순간은, 희화화와 반어의 즐거움을 통해서 대상을 꼬집되 그것이 변화하여 바로잡히길 바라는 최소한의 관심이나 애정이 철회될 때 발생한다. 특히 풍자적 대상에 대한 대항논리가 분명치 않을 때, 풍자 대상의 악덕이나 부조리에 대해 끝까지 물고 늘어지지 못한 채 "제 맛에 빠져" 노는 자기 풍자 또는 자기 비하의 냉소주의로 이어진다.

예컨대 "여교사"에게 막말하며 반항하는 "학생"에게 "절망"(「미친 교실」)하거나 "선생"님에게 쌍욕을 하며 대드는 "경하"(「내 마음의 목련꽃」)에 대한 '나'의 어정쩡한 자세가 이를 입증한다. 이러한 엉거주춤한 '나'의 태도는 일차적으로 교권教權 붕괴의 현장에 대한 일종의 회의와 곤혹, 분노와 모멸감과 맞닿아있다. 또한 그것은 말과 행동이 "어눌"해 "왕따"처럼 보이지만 실상 자신의 "힘"을 무기로 "아이들" 위에 군림하는 "쌍둥이 자매" "지선이와 지은이"(「왕따」) 같은 대상을 설득하거나 변화시키려는 의욕 부재나 포기 상태에서 온다. 교사로서 학교교육의 이상과 실제 또는 기대와 결과 사이의 크나큰 괴리가 "공부"에 "뒷전"일 뿐만 아니라 학교생활에도 엉망인 학생의 "꾹, 감춘 가시"(「박세화」)에도 별다른 개입이나 대응을 하지 못하도록 만든다.

그의 풍자가 당대 사회의 부조리나 인간의 결점을 가차 없이 공격하고 조롱하지 못한 채 기껏해야 자기 비하의 냉소주의 또는 아이러니(irony)로 떨어지는 것은 그 때문이다. 세상사나 인간의 결함에 대한 익살스럽고 우스꽝스러운 말이나 행동이 더 이상 먹히지 않은, 비도덕적이고 비인간적인 시대의 전개가 그의 시를 냉소적 아이러니로 이끈다.

> 경민이가 은돌이를 넘어뜨리고 머리를 밟아요
> 장난이라니까, 은돌이는 가만있어요
> 꿈틀거리다가 더 으깨어진 기억이 내게도 많아요
> 경민이는 키득키득 게임처럼 즐겨요
> 툭툭 차다가 심심하면 청소함 밀걸레로
> 은돌이의 얼굴을 마구 문질러요
> "걸레한테 고맙지? 은돌이 얼굴이 아주 깨끗해졌네."
> 경민이의 음성에 깜짝 놀란
> 나는 앞문으로 달려가 망을 봐요
> 담탱이가 오면 개 소리를 내고
> 고양이 울음 곁들여요
> 왈왈 깨갱깨갱 니야아웅 슬픈 내 마음이 울면
> 경민이는 은돌이를 일으켜 다정하게 어깨동무해요
> "쌤, 찐따 은돌이랑 놀아주고 있어요 저 착하죠?"
> 경민이의 딴청에 담임은 갸웃갸웃 애들은 끄덕끄덕
> 복도와 교실도 팔짱 끼고 침묵해요 모두들
> 나경민 주연 정은돌 조연의 공포영화 한 편 관람하는 거죠
> 오늘 나는 피에로 그래서 안심이에요
> 망을 잘 본 탓에 두근두근 하루가 무사히 지나가요
>
> ―「오늘 나는 안심이에요」 전문

여기서 "나"는 학교폭력의 가해자인 "나경민"과 피해자인 "정은돌" 사이에서 벌어지는 비극의 실상을 알고 있는 자다. 하지만 "나"는 자기의 생각을 분명하게 드러내지 않는 채 그들 사이에 "게임처럼" 벌어지는 폭력 사태를 짐짓 모른 체한다. 특히 "나"는 피해자인 "은돌이"와 같은 처지이면서도 애써 아무렇지 않은 척하면서 끝까지 가해자인 "경민이"의 편에 서서 "담임"에게 들킬까 "망"을 보고 있다. 겉으론 아무것도 모르는 듯한 "나"의 순진한 관점을 통해 "모두들" "침묵"하고 있는 "공포"스런 현실을 야유하거나 비웃고 있는 것이다.

그러나 그의 이번 시집에서 현실 풍자와 아이러니한 작품들이 차지하는 비중은 상대적으로 적다. 대신 서로 간의 갈등과 모순으로 인한 불쾌감이나 거부감마저 포용과 융화의 자세로 수용하려는 작품들이 더 우세하다. 단적으로 온갖 구박이나 매질에도 굴하지 않고 "맨날" "까불까불" "신이 난" 모습의 "만식"(「까불까불」)이가 대표적이다. 그의 시들은 상대방의 위선과 허위를 까발리는 것에만 집중되어 있지 않다. 또한 타자를 조롱하는 비웃음 내지 자기중심적인 쓴웃음에도 있지 않다. 오히려 "잠시도 가만있질/못한" 채 "까불"(「까불까불」)거리는 가벼운 웃음에 익숙하다.

훔친 "샤프"를 팔려고 "두리번" 거리는 "녀석"을 "생각"하면서 나무라기보다 설핏 "웃음부터 나"(「샤프장사꾼」)오는 것도 그 연장선상에 놓여 있다. 주어진 현실을 조소하고 희화화하기보다 실상을 있는 그대로 바라보려는 노력이 아이의 잘못을 눈감게 하거나 관용하게 만든다. 시적 대상들을 부정이나 반감보다 동정이나 지지 입장에 서서 대하려는 자세가 "신종 플루에 걸린 동생 간호하느라" "개근상"을 "놓쳐버"린 학생 "김예회"를 "씩씩하게 등교"하도록 하여 "환한 웃음"을 "감염"(「감염」)시키도록 하고 있다.

하지만 솔직히 그의 시들에서 활달하거나 편안한 웃음을 찾아보기는 쉽지 않다. 어딘가 모르게 부자연스럽고 위축되어 있다는 인상이다. 그러니까 "애써 명랑하려는 마음"(「산동은 우울하다」) 뒤엔 여전히 "마흔이 넘어서도 장가"를 가지 못해 자진해버린 "병식이형"(「씨팔」)과 "동네 빈 집 골방"으로 "어린" 자식 "새끼들"과 귀향했다가 "비소 덩어리"를 "삼켜버린" "계만이형"(「망둥이가 살아 있다」)의 현실이 자리하고 있다. 여전히 달라지지 않는 고향의 현실과 사회적 불평등이 질펀한 육담과 구수한 사투리 등의 구사를 통한 그의 자연스런 해학적 시세계를 방해하고 있는 것이다.

그러나 「꼴린다」나 「우수영 장날」 등에서 보여준 그의 시들이 '유쾌한 상대성'(바흐친) 차원으로 승화되지 못하는 것은 그 때문만은 아니다. 자신의 "시"가 "할머니"의 "무거운 짐 하나 들어주지 못"(「시야 너는 나랑 압해도 가자」)한다는 지나친 자의식도 여기에 한몫하고 있다. 특히 "늘 간이나 보고 마음은 통 안 주"(「개옻나무 종만이」)거나 "사업자금"을 제공받고도 "그늘 한 폭 드리워주지 않"는 "서울놈"(「서울놈들」)과 '촌놈' 사이의 이분법이 작용하고 있다. 여전히 달라지지 않는 현실의 비참함과 불평등성이 그의 시적 생동성과 다양성을 떨어트리는 원인으로 작용하고 있다.

이봉환 시인이 이번 시집에서 보여주는 왁자지껄한 웃음 속에 은밀히 감춰놓은 "처음"에 대한 관심과 집착은 이와 직결되어 있다. "세상의 쓴맛 매운맛"을 "다 알아버"린 "마흔 너머"로 꿈꾸는 "또 다른 삶의 시작"(「은행나무, 겨울 허공에 눕다」)은 모두가 떠나온 본처에의 향수와 성찰을 의미한다. 그리고 "처음으로 기다리고" "사랑"할 때 다가왔던 "절대"적 순간으로서 "잊을 수가 없"는 "향기들"(「내가 보듬어본 향기들」)이 살아 있는 "처음"의 세계는, 사회적 억압과 정신적 무기력에 벗어나 각

자의 존재감이 담보되어 있는 시공간을 나타낸다. "겁도 없이 발가벗고 엉겨붙"었다가 "수컷" 거미가 "암컷에게 아그작, 아그작, 씹어 먹히"(「화려찬란무당거미」)는, 그 무엇으로도 환원되지 않는 적나라한 야생적 생명 출현의 순간이 '처음'의 세계다.

> 진달래꽃봉오리가 막 껍질을 찢고 빠끔히 세상을 내다본다. 따끈한 입김 훅 끼치자 자꾸 고개를 도리반거린다. 가늘게 눈을 찡그린다. 어떤 안간힘이다. 허공으로 치켜 감싸 쥔 꽃받침이 궁금한 눈빛에게 들어가! 들어가! 하는, 활짝은 피지 않으려는 꽃 마음, 막 피려 할 때의 가장 좋은 그 마음, 환한 꽃 막 안팎의, 두근두근 너와 나의 처음 눈빛을 간직한 꽃나무를 오늘 이해하고 왔다.
>
> ―「꽃나무를 이해하고 왔다」 전문

"진달래꽃봉오리가 막 껍질을 찢고 빠끔히 세상을 내다" 보는 "처음"의 순간은 끝과 구분되는 시작(Beginn)의 순간을 의미하지 않는다. 그 "처음"은 "활짝은 피지 않으려" 하되 "막 피려할 때"와 같이 "가장" 순수하고 "환"하며 "좋은" "마음"의 상태, 거듭되는 반복의 근거로서 인간 본성의 시원(Anfang)을 가리킨다. 그러니까 "너와 나의 처음 눈빛을 간직한 꽃나무"에 대한 "이해"는 단지 마주친 사물에 대한 인과율적이고 논리적인 접근을 뜻하지 않는다. 훼손되지 않고 오염되지 않은 본질적이고 시원적인 것들에 대한 마음의 체득 또는 깨달음의 순간을 나타낸다. "어떤 안간힘"을 통해 지금까지의 삶의 방향을 뒤바꾸는 것이자 새로운 개방성으로 튀어나오는 사태와 관련되어 있는 것이 '처음'의 세계다.

> 아이의 똥꼬에서 막 떨어져 나온 똥

끝에 신선한 날것과 수많은 서성거림이

어딘가로 뻗어나가려는 허공들이 날름거리며

무구한 시간과 함께 몸부림치고 있다 끄웅,

혼신의 힘으로 밀어낸 뒤 엄마를 돌아다보는

저 향나무소년은

학교 정원이나 철둑길 가에서 쩔꺽쩔꺽

둥글게 가위질당하기 오래전, 나무의

잃어왔던 그것, 똥끝을 되찾은 거다

―「향기로운 똥끝」 일부

"아이의 똥꼬에서 막 떨어져 나온 똥/끝"에서 만나는 "신선한 날것과 수많은 서성거림"이 있는 세계는 다른 것이 아니다. 한 인간에게 세계가 최초로 열렸거나 처음으로 이해되었던 또 다른 출발점을 의미한다. 그리고 "어딘가로 뻗어나가려는 허공들이 날름거리며/무구한 시간과 함께 몸부림치고 있"는 시원적 공간은, 인간과 세계의 관계를 비로소 가능하게 만든 시작점이자 오래 망각해왔던 존재경험을 복원하려는 거점을 나타낸다. "끄웅,/혼신의 힘으로 밀어낸 뒤 엄마를 돌아다보는/저 향나무소년"이 되찾고자 하는 것은 "둥글게 가위질당하기" 이전의 "잃어왔던" 근원이자 때 묻지 않는 아이의 웃음이 살아 있는 세계라고 할 수 있다.

달리 말해, 이봉환 시인이 "돌아갈 길/떠오르지 않"(「뼈저린 전설」)는 시대에서 돌아가고자 하는 '처음'의 세계는 다른 것이 아니다. "우리"가 "진실로 가져본 적 드문" "어떤 뭉클함"(「조경남이들」)이나 "피어버린 꽃에는 안 보이는" 그 어떤 "떨림"(「피어버린 꽃에는 안 보이는 떨림이」)의 세계는, 엄숙함과 진지함으로 무장한 종래의 도덕적이고 윤리적인 굴레를 벗고 창조적 유희를 펼치는 아이가 터트리는 꾸밈없는 웃음의 세계다.

"밤새 숨 놓아버린 굴참나무 잎들"이 "맘씨 좋은 햇살들 칠성판에 누워 함께 바삭대는"(「돌돌 말린 나뭇잎들」), 삶과 죽음이 한바탕 놀이처럼 공존하며 반복적으로 출현하는 시공간이 그가 바라는 진정한 웃음의 세계라고 할 수 있다.

"바다 저쪽 아득한 곳"에 "계"시는 "어머니"(「밀물결 오시듯」)를 그리워하고 있는 이봉환 시인의 이번 시집의 의미는 단연 바로 여기에 있다. "흰 반달 송편"을 "쑥 내밀"며 "먹어보라"고 하는 "음성"이 들리는 것 같지만 실상 "멀리 계신 엄마"(「목련 음성」)에 대한 그리움은 단지 어머니의 양육과 보호 아래 행복했던 시절에 대한 회상이 아니다. 단지 그것은 단순 과거로서 지나가버린 것이 아니라 현재 완료적으로 있었던 것들에 대한 회상이다. 특히 "너무 무거워 이제야" 찾아온 "어머니의 자궁"(「오래 견딘 한줄금」)은, 영원한 지속 속에서 결코 사라지지 않는 그 어떤 것이자 생의 근원으로 돌아감 또는 출발점을 살펴봄으로써 새로운 미래적 삶을 기획하고 열어가고자 하는 거점을 나타낸다.

그러나 불행하게도 우리 시대는 인간이 인간을 죽여 "순교자"가 늘어가는 "깜깜한 밤"의 시대다. 하지만 그는 쉽게 절망하지 않는다. 현명하게도 그는 바로 그런 시대가 "신"의 새로운 "탄생"과 더불어 "신들의 세계가 넓어지고 더욱 깊어"(「오월 어느 날이었다」)질 수 있는 시대임을 알고 있는 까닭이다. 그래서 그는 지금 온갖 굴욕과 좌절을 강요하는 "거센 바람에도 끄덕 않"은 채 "깊고 우직"한 "궁리와 생각들"을 통해 "정신"의 "근육"을 "단단하게"(「산길」) 다져나가고 있다. 무수한 변화에도 변치 않은, 거듭 반복되는 모든 일들의 원형으로서 "절대 마음"(「뼈저린 전설」)의 세계와 마주한 채. 갈수록 함께 웃을 일 없어가는 비정한 세계 속에서 어떤 경계나 제한적 금기에도 자유로운 웃음의 세계를 꿈꾸면서.

시인의 말

시인의 말

그대를 얻었으므로
시는 버리리라, 했는데
꾸물거리며 돋아난 것들이 있어
20여 년 만에 시의 집을 다시 짓는다.

그대 덕분이다. 사랑한다.

2013년 12월
노월촌에서 이봉환

실천시선 214
밀물결 오시듯

2013년 12월 23일 1판 1쇄 찍음
2013년 12월 30일 1판 1쇄 펴냄

지은이	이봉환
펴낸이	손택수
편집	이호석, 이승한, 임아진
디자인	김현주
관리 · 영업	김태일, 박윤혜

펴낸곳	(주)실천문학
등록	10-1221호(1995.10.26.)
주소	우121-839, 서울시 마포구 서교동 478-3 동궁빌딩 501호
전화	322-2161~5
팩스	322-2166
홈페이지	www.silcheon.com

ⓒ 이봉환, 2013
ISBN 978-89-392-2214-4 03810

이 책 내용의 전부 또는 일부를 재사용하려면
반드시 지은이와 실천문학사 양측의 동의를 받아야 합니다.